Made in the USA
Middletown, DE
11 April 2022

64072864R00057